Adolf Jellinek

Franzosen über Juden

Adolf Jellinek

Franzosen über Juden

ISBN/EAN: 9783743354913

Hergestellt in Europa, USA, Kanada, Australien, Japan

Cover: Foto ©ninafisch / pixelio.de

Manufactured and distributed by brebook publishing software (www.brebook.com)

Adolf Jellinek

Franzosen über Juden

ranzosen über Juden.

Von

Dr. Ad. Jellinek.

WIEN, 1880.

M. GOTTLIEB'S BUCHHANDLUNG

I., Schulerstrasse 1.

EINLEITUNG.

I.

Als Ludwig der Heilige die Fahne Frankreichs auf dem Gebiete von Tunis aufpflanzte, nannte er die französische Nation „den Soldaten Gottes" — und das ist sie heute noch, wenn auch in einem anderen als mittelalterlich kirchlichen Sinne. Gleiche Menschenrechte ohne Unterschied des religiösen Credo ist ihr Staatsdogma geworden, drei Republiken, den Napoleoniden, den Bourbons und den Orleans gleich heilig und unverbrüchlich. Ihre Fahne erlöste überall die Gewissen und befreite die Geister von Zwang, Lüge und Heuchelei. Sie war die Lehrmeisterin der Völker auf dem europäischen Continente und unterwies sie aus der Bibel der Freiheit und Gerechtigkeit. Ihre Literatur ist ein Arsenal, aus welchem die Verfolgten und Unterdrückten sich Waffen holen zu ihrer Vertheidigung und zu ihrem Schutze. Sie ist „der Soldat Gottes", kämpfend für heilige Güter, für Gleichheit und

Gerechtigkeit, gegen confessionelles Vorrecht und Unrecht.

Dies erfuhren seit Ende des vorigen Jahrhunderts besonders die Bekenner des Judenthums, die in unseren Tagen wieder von böswilligen Teutonen in mittelalterlicher Rüstung angegriffen werden, zur Schande des christlichen, zur Schmach des deutschen Namens.

Ich habe daher der französischen Literatur Urtheile und Aussprüche über die Juden entlehnt, um sie als Schild gegen teutonische Angriffswaffen zu gebrauchen. Es sind Philosophen, Juristen, Naturforscher, Historiker, Staatsmänner, katholische und protestantische Prediger, die ihre Stimme für die Juden erheben und Alles widerlegen, dessen teutonische Wildheit sie beschuldigt.

Vielleicht wird man diesen Appell an französische Zeugenaussagen als Anklage gegen das Deutschthum der deutschen Juden*) gebrauchen. Hierauf erwiedere ich, dass die Juden überall treue Söhne ihres Vaterlandes sind und in Deutschland zu den opferfähigsten Deutschen zählen, wenn auch ihr Stammvater Abraham und nicht Teut hiess. „Die Race", sagte Prof.

---

*) Es dürfte interessant sein, hervorzuheben, dass sich die Juden im hebräischen Schriftthum nach ihrem Vaterlande schlechthin Franzosen, Spanier, Deutsche, Polen, oder: Zarfati, Sefardi, Aschkenasi, Poloni nannten.

Ed. Suess am 3. Februar dieses Jahres im österreichischen Parlamente, „ist ein Begriff, der auf physischen Unterschieden, das Volk ein Begriff, der auf den ethischen Unterschieden Sprache und Geschichte beruht und allmälig erstanden ist." Diese Definition eines berühmten Naturforschers von dem Wesen des Volksthums, die im Ganzen mit der von dem berühmten Völkerpsychologen Prof. M. Lazarus in dessen Schrift: „Was ist national?" (Berlin, 1880) gegebenen übereinstimmt, ist eine beschämende Widerlegung jener unklaren Teutonen, welche Race und Volk mit einander verwechseln und die Bekenner des Judenthums aus der deutschen Volksgemeinschaft ausschliessen wollen. Ich habe französische Autoren zu Zeugen für die Juden angerufen, weil sie bereits mit jener der französischen Sprache eigenen Klarheit und Eleganz Alles aussagen, was zur Abwehr teutonischer Angriffe vorgebracht werden kann.

Bevor ich aber die einzelnen französischen Schriftsteller und Redner zur Orientirung der Leser kurz charakterisire, will ich eine kleine Studie über das ethnologische Verhältniss der Juden zu einigen europäischen Nationen, die bereits im Jahre 1870 als Fortsetzung meiner Schrift: „Der jüdische Stamm" (Wien, 1869) niedergeschrieben wurde, vorausschicken.

II.

Der Franzose hat einen lebhaften, schnell fassenden, als Geistesgegenwart sich kundgebenden Verstand, der mehr eklektisch als erfinderisch ist („*ni dans l'art ni en religion, ni en philosophie, ni en littérature, ni en politique, la France sait inventer. — Si la France est quelque chose, c'est par son éclectisme*, urtheilt E. Renan), ein rasch auflodendes, enthusiastisches Herz, einen ausgesprochenen Sinn für Gleichheit, findet Gefallen an Antithesen, Bonmots, Calembourgs, liebt die nationale Glorie, persönliche Würden, Auszeichnungen und Titel, schwärmt für allgemeine, beglückende Ideen, schreitet gern den Völkern voran — und in all' diesen Stücken ist ihm der Jude ähnlich. Die französische Trias: *égalité, fraternité, liberté*, die eine magische Wirkung auf Frankreich ausübte, ist das Echo oder die stenographische Abkürzung längerer Bibelsätze. Die französische Begeisterung für die Befreiung der Völker redete eine jüdisch-messianische Sprache und was Michelet in dieser Beziehung von seinem Volke, dem französischen, in seiner pathetischen Manier aussagt, gilt meistentheils auch vom jüdischen. Die Worte Michelet's (*le Peuple. III*, 1. Cap.) lauten: „Wollte man aufhäufen, was die französische Nation an Blut,

Gold und Anstrengungen aller Art zum Besten der Welt uneigennützig geopfert hat, so müsste die Pyramide Frankreichs bis zum Himmel sich erheben. ... Saget mir, ihr Nationen, daher nicht: „Ach, wie ist Frankreich so blass!"... Es hat ja sein Blut für Euch vergossen! — „Wie ist es so arm?" Für Eure Sache hat es hingegeben, ohne zu rechnen. ... Und als es gar nichts mehr hatte, sprach es: „Ich habe weder Gold noch Silber, allein was ich besitze, ist Euer..." Dann gab es euch seine Seele, und sie ist es, von der ihr lebet! Wohlan denn! Auch die Juden haben für eine grosse allgemeine Idee, welche der gesammten Menschheit Freiheit und Frieden bringen soll, oft genug geblutet, ihr erworbenes Gut auf den Altar des christlichen Fanatismus, auf den flammenden Scheiterhaufen nämlich, niedergelegt und mit ihrem Geiste die Völker genährt. Beides aber, die französische Propaganda für die Erlösung der Völker aus dem Joche des Mittelalters und der jüdische Messianismus ziehen ihre Säfte aus dem enthusiastischen Herzen. — Dem schillernden französischen Esprit ist der jüdische ziemlich homogen, Börne's und Heine's Prosa konnte daher leicht ins Französische übertragen werden. Den Cultus hervorragender nationaler Persönlichkeiten, den singenden Ton in der Rede und die lebhafte Gesticulation theilen die Juden mit den Franzosen. Typisch ist diese ethnische Aehnlichkeit durch das schwarze Haar ausgedrückt.

Es fehlt aber nicht an Contrasten zwischen Franzosen und Juden. Die Ersteren besitzen ein feines Gefühl für die schöne Form, die Geschicklichkeit, es zu objectiviren, einen empfänglichen Sinn für die systematische Zucht — „ce qui domine dans la nationalité française, c'est l'élément géométrique", sagt Daniel Stern —, welche in der politischen Centralisation, im Wörterbuch der französischen Akademie und in den wissenschaftlichen Arbeiten sich offenbart, und bis auf Victor Hugo mit aristotelischer Strenge die französische Dramatik tyrannisirte, ein gewisses theatralisches Pathos im gewöhnlichen Leben — was alles den Letztern von Natur mangelt. Hingegen werden Jene durch mehr Universalismus, durch den Vorzug, fremde Anschauungen, nationale Eigenthümlichkeiten und sociale Zustände leicht zu verstehen, rasch zu beurtheilen und zu benutzen, sowie durch die Acclimatisationsfähigkeit von Diesen übertroffen.

Der Pole — der Franzose unter den Slaven — hat das am schärfsten ausgeprägte Stammbewusstsein der slavischen Race, das ihm ein Aufgehen im Panslavismus erschwert, stürzt sich tollkühn in den Kampf gegen eine überlegene Macht, um seine nationale Selbstständigkeit zu erringen, ist übermüthig im Glücke, gross und bewunderungswerth im nationalen Unglücke, unverträglich mit Seinesgleichen, rechthaberisch, hartnäckig, individualistisch bei Berathungen, und daher unparlamentarisch — wie der Jude unter den Semiten. Die Zeloten, welche keinen Frieden mit Rom schliessen wollten, in Jerusalem gegen Vespasian und Titus kämpften, und die Patrioten, welche in wildem Aufruhr auf der blutgetränkten Wahlstatt Betar's gegen die Legionen Hadrians sich erhoben, stehen den Kriegern, Helden und Politikern Polens am nächsten und der Lärm einer sog. „Judenschule" einem polnischen „Reichstag" nicht zu fern. Hingegen ist der Jude durch seine Arbeitsamkeit, Wirthschaftlichkeit, Geschäftsroutine und Sparsamkeit („die Juden sparen ihr Gut zusammen durch einzelne Pfennige und Heller", äusserte Luther I, S. 34) von den Polen total verschieden und daher als Factor dem polnischen Edelmanne fast unentbehrlich.

Den Engländern steht der Jude nahe durch den practischen, realistischen Sinn, der zum Handel und zur geschäftlichen Tüchtigkeit führt, sowie durch jene Gesetzlichkeit, die darin besteht, dass nicht der theoretische Sieg eines Princips, sondern die gebieterische Forderung des Lebens das treibende Moment der Fortentwicklung ausmacht, die daher an das Bestehende, an das, was sich im Laufe der Zeit herausgebildet hat, ansetzt, anstatt *tabula rasa* zu machen und ein neues Gebäude aufzuführen. „*Improvement*, Verbesserung" — bemerkt Ad. Helfferich (Engländer und Franzosen, S. 60) ist ein Lieblingswort des Engländers, während der Franzose für „*le progrès*", den Fortschritt schwärmt", und Alles niederreisst, was sich ihm in den Weg stellt, so dass auch auf politischem und socialem Gebiete die französische Vorliebe für Systematisiren und symmetrische Ordnung sich geltend macht. Militärisch, in Reih und Glied, nach dem Gesetze der Taktik soll den Franzosen die Geschichte aufmarschieren. Im Uebrigen bildet das steife, ruhige, kalte, gemessene, wortkarge Wesen des Engländers einen scharfen Gegensatz zur jüdischen Beweglichkeit und Lebhaftigkeit, zum jüdischen Pathos und hyperbolischen Naturell.

Mit dem Deutschen hat der Jude den Familiensinn, die Liebe zum häuslichen Herde, ökonomische Geschicklichkeit und einen Grad objectiver Hingebung gemein — Deutsche und Juden fühlen sich am meisten geschmeichelt, wenn Fremde ihre Verdienste anerkennen — unterscheidet sich aber von demselben in sehr vielen Stücken. Der Jude ist mässig und nüchtern; der Deutsche lebt weder vom Brode noch vom Wasser allein. Jener ist friedlich gesinnt, dieser rauflustig gestimmt. Der Nachkomme Jacob's ist aufgeweckt und lebhaft; der Sohn Teut's trägt oft die Zipfelmütze. Jener denkt rasch, will schnell fertig sein, setzt mit seinem galoppirenden Verstande über alle Paragraphen-Barrieren der Systematik; dieser geht sachte einher, zieht mit Behagen einen Gegenstand in die Breite, und seine Ordnungsliebe artet oft in die langweiligste Pedanterie aus. Der Hebräer ist kühl, berechnend, erwägend, mehr Speculant als speculirend, ein Feind der Wortfolge, welche die Hauptsache an das Ende setzt; der Germane ein Schwärmer, ein Träumer, ein Metaphysiker und Mystiker, der oft so unklar schreibt, dass er sofort eines Commentars bedarf. Jener hat Herz, aber kein Gemüth; dieser Gemüth, aber kein Herz. Der letzte Gegensatz wird manchen Leser überraschen. „Wie? der Jude hätte kein Gemüth, der Deutsche kein Herz?" Allerdings! Das Gemüth ist eine Herbstsonne, die nicht zehrt und sengt, ein tiefer See, dessen Fläche glatt und ruhig ist, eine klare Sommernacht mit hell funkelnden Sternen, ein grünendes Thal, das bei milder Beleuchtung sich weit hindehnt, ein dicht belaubter Wald, durch dessen Gezweige einzelne

Strahlen dringen; das Herz eine glühende Julisonne am Mittag, ein aufgeregtes Meer, das schäumt und braust, ein Vulcan, dessen Krater bald geschlossen ist und bald brennende Lava ausspeit, eine wild romantische Gegend mit Felszacken und Sturzbächen. Das Gemüth ist ein Abgrund voll unbestimmten Sehnens, schweift hinaus in die weitesten Fernen und erhebt sich in endlose Welten; das Herz baut sich eine Brücke, um das jenseitige Ufer zu erreichen, wünscht, begehrt, verlangt, fordert und ist stets von einem begrenzenden Horizonte eingeschlossen. Dem Juden, als dem Sohne eines enthusiastischen, pathetischen, zwischen Extremen auf- und niederwogenden Stammes, fehlt daher wie dem Franzosen das echte Gemüth, für welches und dessen Ableitungen „gemüthlich, Gemüthlichkeit" beide auch kein besonderes Wort haben; dem Deutschen, als dem Spross eines grübelnden, zögernden und tiefsinnenden Volkes, das Herz in seiner höchsten Potenz und in seiner Vollkraft.

Um aber wieder auf die zwischen Germanen und Juden waltenden Gegensätze zurückzukommen, so wird man begreifen, warum die Deutschen, wenn nicht in manchen Momenten die Gemüthlichkeit sie anwandelte, gegen die Söhne Israels so antipathisch gestimmt waren und erst dann ihren Widerwillen sänftigten und milderten, als sie selbst aus ihren Träumen aufwachten, sich ermannten, praktischer, realistischer, kritischer und Verehrer des gesunden Menschenverstandes wurden.

Eine innige Verbrüderung zwischen Germanen und Juden, zwischen deutscher Ruhe und jüdischer Raschheit, deutscher Ausdauer und jüdischer Beweglichkeit, deutscher Gründlichkeit und jüdischer Unmittelbarkeit, deutscher Gemüthstiefe und jüdischem Herzenspathos, deutscher Mystik und jüdischem Verstand, wird beiden zum Segen werden, die in dem Familienleben und in der Liebe zum häuslichen Herd eine ethnologische Verwandtschaft besitzen, die in die Tiefen des Herzens hineinreicht.

Soweit schrieb ich im Jahre 1870.

Heute werden die Juden in Berlin mit sehr geringem pädagogischen Takte belehrt, dass sie Deutsche sein sollen. Das sind sie längst durch Erziehung, Bildung, Sprache, Lebens- und Anschauungsweise, sowie vermöge ihrer mit den Germanen gemeinsamen Fähigkeit sich den Nationen zu assimiliren, mit denen sie zusammenleben.*) Wenn ein deutscher Bekenner des

---

*) Ich erinnere mich heute noch sehr lebhaft, mit welcher Heftigkeit und Bitterkeit ein jüdischer Däne in

Judenthums ausserhalb Deutschlands nach seiner Volksgemeinschaft gefragt wird, so antwortet er nicht: Ich bin ein Jude, der nach Palästina zurückzukehren wünscht und provisorisch in Deutschland weilt, sondern: Ich bin ein Deutscher, und deutsch fühlt und denkt er!

Doch kehren wir jetzt zu den französischen Wortführern für das Judenthum zurück, um den Leser mit ihrer Persönlichkeit bekannt zu machen.

I.

Jaques Saurin, geb. den 6. Januar 1677 zu Nîmes, dem Geburtsorte des am 10. Februar 1880 gestorbenen französischen Senators Adolph Crémieux, war ein berühmter protestantischer Kanzelredner, der als Refugié ausserhalb Frankreichs im Haag bis Ende 1730 predigte. Das mitgetheilte Fragment, die Wohlthätigkeit der Juden betreffend, ist einer Rede über Almosen entnommen, in welcher er die mosaische Gesetzgebung über Wohlthun und Opfergaben darstellte, und von der erzählt wird, dass sie einen so mächtigen Eindruck auf die christlichen Zuhörer machte, dass sie fast alles was sie bei

---

Leipzig mir entgegentrat, als in der Schleswig-Holstein'schen Frage der deutsche Standpunkt geltend gemacht wurde.

sich hatten, selbst Schmucksachen, die sie trugen, für die Linderung der Armuth spendeten. Die These, dass die Juden sehr barmherzig sind und die Armen durch reichliche Spenden unterstützen, wird auch heute selbst von Teutonen nicht bestritten. Allein die jüdische Wohlthätigkeit den Christen als Muster vorzuführen und ihnen zuzurufen, es sei gut, dass sie von den Juden nicht näher gekannt werden, blieb einem freimüthigen christlichen Prediger Frankreichs vorbehalten.

Uebrigens blieben ihm die Aussprüche des Talmud über Almosen unbekannt. Wäre dies nicht der Fall gewesen, so hätte er auf seine christlichen Zuhörer noch tiefer einwirken können. Es genügt z. B. blos den einen talmudischen Ausspruch anzuführen: „Wer sich nicht seiner Mitgeschöpfe erbarmt, der stammt nicht von Abraham ab, ist kein Jude." Werkthätige Menschenliebe ist daher das Kennzeichen eines Juden.

II.

Abbé Bertolio war Vertreter der Pariser Commune im Jahre 1790 und hat in öffentlicher Sitzung seine Ansichten über die Juden ausgesprochen, die ihm und der Kirche zur Ehre gereichen und die heute noch sehr beherzigenswerth sind. Mit der tiefsten Entrüstung weist er den Gott der Rache zurück, in dessen Namen und Vertretung Christen sich anmassen, die Juden zu bedrängen. O, suchen wir doch nicht, ruft der edle Repräsentant der Kirche aus, das Unrecht, das an den Juden begangen wird, dadurch zu verringern, dass wir es als eine Strafe des Himmels ausgeben! Die christliche Religion gestattet nur einen einzigen Kampf gegen die Juden: Den Wettkampf der Tugenden!

III.

Augustin Périer, Mitglied der französischen Kammer im Jahre 1830, war Berichterstatter über den Gesetzesvorschlag, die Beamten des israelitischen Cultus in Frankreich aus Staatsmitteln zu besolden, den er zur Annahme empfahl. In seinem ausführlichen Rapport stellt er den französischen Juden das ehrenvolle Zeugniss aus, dass sie sich immer mehr des französischen Namens würdig zeigen, in der Armee, im Gerichtsstande, in der Literatur und im Handel sich auszeichnen. Nicht genug, dass er ein begeisterter Lobredner der französischen Juden ist, spricht er auch die Hoffnung aus, dass das übrige Europa dem Beispiele Frankreichs in Beziehung auf die Gleichstellung der Juden folgen wird. Diese Hoffnung ist zum grossen Theil in Erfüllung gegangen und die französische Nation hat die Genugthuung, auch hierin vorangeschritten zu sein.

IV.

Salverte, Mitglied der französischen Kammer im Jahre 1830, sprach sich gleichfalls wie Augustin Périer für den Gesetzesvorschlag aus, die Beamten des israelitischen Cultus in Frankreich aus Staatsmitteln zu besolden, und vertheidigte die Juden gegen den Vorwurf, dass sie sich von den Völkern absondern. Die Juden, ruft er aus, haben ein Vaterland, sobald das Vaterland nach ihnen verlangt, und führt als Beweis jenes aus lauter polnischen Juden zusammengesetzte Regiment an, das 1794 bei der Vertheidigung Praga's, einer Vorstadt Warschau's, aufgerieben wurde. Diese Männer, sagte der Redner, waren würdig Franzosen zu sein.

V.

Lacordaire, geb. 12. Mai 1802, Dominicaner und Mitglied der französischen Academie, einer der berühmtesten modernen französischen Kanzelredner, hielt am 27. December 1846 in der Kirche Notre-Dame zu Paris eine merkwürdige

Conferenz über Christus, der im jüdischen Volke bereits vorbildlich existirte, welcher wir das Fragment entlehnt haben. Der Redner verherrlicht nicht blos das jüdische Volk während dessen nationaler Selbstständigkeit in Palästina und in der mittelalterlichen Bedrückung, sondern auch in der Gegenwart. Grabet ihm eine Gruft so ihr es vermöget, ruft er pathetisch aus; versiegelt sie mit dem festesten Kitt; stellet Wachen rings herum: lächelnd wird dieses unsterbliche Volk auferstehen!

VI.

E. Vacherot, einer der bedeutendsten französischen Philosophen unserer Zeit, hat in seinem vom „Institute" gekrönten Werke: „Kritische Geschichte der alexandrinischen Schule" eine zutreffende Charakteristik des jüdischen Volkes geliefert, die wir mitgetheilt haben. Er hebt besonders zwei Züge desselben hervor. Ohne seinen Glauben von fremden Ideen aufsaugen zu lassen, nimmt es doch immer etwas auf und sucht es sich anzupassen. Es ist ferner vermöge seines thätigen, wissbegierigen und intelligenten Genies der Vermittler zwischen den Ideen des Morgen- und des Abendlandes.

Diese Züge, fügen wir hinzu, charakterisiren das jüdische Volk nicht blos im Alterthum, sondern auch im Mittelalter und in der Neuzeit. Es erstarrt nie, sondern erfrischt sich durch immer neue Lebenskräfte, geschöpft aus dem Strome der Zeit. Selbst ein Mittelglied zwischen Orient und Occident, indem semitische und arische Elemente im jüdischen Stamme seit uralten Zeiten sich durchdringen und in dessen Literatur zur Erscheinung kommen, hat es im Mittelalter die Vermittlerrolle zwischen Arabern und Christen übernommen. Daher ist diesem eigenartigen Volke noch ein sehr wichtiger Platz in der Zukunft vorbehalten. wenn die Völker des Orients und des Occidents sich immer mehr assimiliren werden.

In einem andern grösseren Werke über „die Religion" stellt Vacherot die Juden über die Araber, erkennt ihnen aber mit Recht mehr Intelligenz als Ursprünglichkeit zu.

Alle diese Momente wurden von mir in meiner Schrift über den jüdischen Stamm ausführlich erörtert.

VII.

F. Laurent, geb. den 8. Juli 1810, der berühmte Verfasser der bänderreichen „Studien über die Geschichte der Menschheit", bemerkt in der dem ersten Bande seines Werkes entlehnten Stelle, dass die Juden, Jahrhunderte lang unterdrückt, während das Gebäude des Katholicismus auf den Grundlagen ihrer heiligen Schriften sich erhob, Christus und Muhammed für sich in Anspruch nehmen können und dadurch bewahrheiten, dass sie zwischen Morgen- und Abendland als Verbindungslinie dienen; dass ferner ihre, von der Anerkennung irgend welchen Kastenunterschiedes freie Religionslehre das Christenthum übertrifft, das sogar die Sklaverei gelten liess.

VIII.

Michel Nicolas, geb. den 22. Mai 1810 in Nîmes, protestantischer Theolog und Philosoph, hat in seinen „Essays über Philosophie und Religionsgeschichte", eine Studie über die durch Lessing's „Nathan der Weise" allgemein bekannte Erzählung von den drei Ringen veröffentlicht, in welcher er nachweist, dass sie in der That von einem Juden erfunden wurde und nur ein Jude sie erdacht haben konnte. Vgl. übrigens meine Schrift: „Der jüdische Stamm" S. 203 ff.

IX.

M. Guizot, der berühmte französische Historiker und Minister Louis Philipp's, vertritt in seinen „Meditationen über das Wesen der christlichen Religion" die These, dass die moderne Civilisation wesentlich von den Juden und den Griechen herrührt: von den Ersteren die göttliche und moralische, von den Letzteren die menschliche und intellectuelle Seite. In der That, fügen wir hinzu, ist dies der charakteristische Unterschied zwischen Hebräern und Hellenen: die Ersteren sind ein vorzugsweise ethischer Stamm, dessen Sinnen und Denken auf das Gute gerichtet ist, die Letzteren ein besonders intellectueller, der speculirt und das Schöne zu realisiren strebt.

X.

G. Libri, geb. den 2. Januar 1803, berühmter Mathematiker, weist in seiner „Geschichte der mathematischen Wissenschaften in Italien seit der Renaissance bis zu Ende des 17. Jahrhunderts" darauf hin, dass die Juden lange vor den Christen eine grosse Zahl arabischer und griechischer Werke über Philosophie, Astronomie und Medicin übersetzt und zur Errichtung von Universitäten in Europa sowie von Sternwarten im Orient viel beigetragen haben.

XI.

E. Nus, geb. 1816, dramatischer Schriftsteller, hat ein sehr tiefsinniges Buch unter dem

Titel: „Die grossen Geheimnisse" geschrieben. In der von uns entnommenen Stelle bewundert er die Regsamkeit, die Geduld, den Muth und die Ausdauer der Juden, welche der Macht die Schlauheit, der Gewaltthätigkeit die Demuth, dem offenen Hass den stillen entgegensetzen, und schliesst mit dem Bedauern, dass die Christen nicht die Privattugenden der Juden angenommen haben, wie die werkthätige Solidarität und die Menschenliebe, die sie immerfort bewähren. Hüten wir uns, ruft er wörtlich aus, den Juden irgend einen Vorwurf zu machen; wahrlich, sie haben uns nur zu viel vorzuwerfen!

XII.

Athanase Coquerel, der Sohn, geb. 1820, ein sehr freisinniger und berühmter protestantischer Theolog, gesteht in seinen „freien Studien", dass die Mission der Juden in der Geschichte noch nicht beendigt ist und dass die christliche Welt noch immer ein Interesse daran hat zu hören, wie der sterbende Jude die noch immer verkannte Wahrheit von dem einen Gotte bekennt.

XIII.

F. Huet, geb. 1814, philosophischer Schriftsteller, Freund und Genosse von Bordas-Demoulin, der eine katholisch-philosophische Schule stiften wollte, bekennt in seinem Buche: „Die religiöse Revolution im 19. Jahrhundert," dass die Christen den Juden, ausser einer kindlichen Dankbarkeit, eine Ehrenrettung schulden und nicht die ehrenvolle Anerkennung versagen dürfen, die ihnen dafür gebührt, dass sie die moralische, religiöse und sociale Revolution im Menschengeschlechte eröffnet haben.

XIV.

Alphonse de Candolle, geb. 1806 in Paris, Sohn des berühmten Botanikers Aug. de Candolle und selbst ein ausgezeichneter botanischer Schriftsteller, hat in seinem Werke: „Geschichte der Wissenschaften und der Gelehrten" Veranlassung gefunden, sich über die Juden auszusprechen.

Seine Auseinandersetzung ist wohl das interessanteste Stück, das wir den Lesern dieser Sammlung französischer Urtheile über die Juden bieten können. Zuerst theilt er im Namen eines englischen Arztes in London, der Gelegenheit hatte, die unteren jüdischen Volksklassen mit christlichen, mit Matrosen und Irländern zu vergleichen, den Ausspruch mit, dass die Ersteren arbeitsam, sanftmüthig und barmherzig unter einander sind, so dass zu wünschen wäre, dass alle Christen ihnen glichen. Dann malt er die Hypothese aus, wenn die Erde von Juden bewohnt wäre. Was würde die Folge sein? Es gäbe keinen Krieg, mehr Arbeit und Arbeiter, weniger Staatsschulden und Steuern, Wissenschaften und Künste, besonders die Musik, würden gefördert werden, Industrie und Handel blühen, die Ehen und mit ihnen die guten Sitten zunehmen, die mittlere Lebensdauer sich verlängern.

In der That gibt es nur ein Mittel gegen den Militarismus, dessen Lasten Europa fast erdrücken: das ist die Ausbreitung des jüdischen Geistes, der ruhig, friedlich, sanft, weich und human ist. Tapfer und todesmuthig in der Vertheidigung des vaterländischen Bodens und der hohen Güter der Menscheit, waren die Juden nie kriegslustig, agressiv, eroberungssüchtig, und sind auch heute keine Freunde des Soldatenspiels und des Waffengepränges.

Endlich sucht der Verfasser die Frage zu beantworten, warum die Bekenner des N. T., das doch Liebe und Demuth predigt und Gott immer als Gütigen und Barmherzigen vorführt, hochmüthig, gewaltthätig, exclusiv in ihren Neigungen und überaus streng in ihren Gesetzen sind, während die Anhänger des A. T. durch Demuth und Sanftmuth sich auszeichnen, obwohl das Letztere Gott als strafenden Richter in seiner

Strenge zeigt. Auf Grund der Theorie von der **Vererbung** erwiedert er, dass die Juden ein altes Culturvolk sind, in dessen Mitte die moralischen Ideen und die milden Sitten seit Jahrtausenden heimisch waren, so dass die edleren und sanfteren Regungen des Herzens von Geschlecht auf Geschlecht sich vererbt haben, während die meisten christlichen Völker der Barbarei kaum entwachsen sind, noch im vorigen Jahrhundert willkürlich, roh und grausam sich benommen haben und daher noch einer langen Zeit bedürfen, ehe ihre Instincte sich ändern und mildern werden. Die unterdrückten Juden wurden geduldig, demüthig, sanft und mitleidig und vererbten diese schönen weiblichen Tugenden auf ihre Nachkommen; die christlichen Unterdrücker, die so hartherzig und schonungslos mit den Juden verfuhren, haben die Härte ihres Charakters gleichfalls als Erbe ihren Kindern hinterlassen, die noch lange an sich werden bessern müssen, ehe die Folgen des Atavismus verwischt sein werden.

XV.

P. Laffitte, ein Jünger der von August Comte gegründeten Positivistenschule, rühmt in seinem geistvollen Werke: „Die grossen Typen der

Menschheit", in welchem Moses, dessen Werk und Volk 220 Seiten gewidmet sind, die Führer und Häupter Israel's, auf welche grosse Helden und Politiker als auf Muster und Vorbilder das Auge richteten und die zu Meisterwerken ästhetischer Schöpfungen begeistert haben, deren die Menschheit sich rühmt. Man braucht nur an Cromwell, Michel Angelo und Händel zu denken.

XVI.

C. Frégier, Gerichtspräsident in Algier, hat zu Gunsten der dortigen Juden ein starkes Buch veröffentlicht, welchem eine Einleitung vorausgeht, die mit den Juden im Allgemeinen sich beschäftigt und sie in den glühendsten Farben verherrlicht.*)

So verleitend die Gelegenheit auch war, haben wir es dennoch unterlassen, diesen Panegyrikus ganz herauszuheben, und uns mit dem Zeugniss begnügt, dass alle Gebiete des öffentlichen Lebens in Frankreich, die Armee, die Finanzen, der Handel, die öffentlichen Arbeiten, die Justiz, der Unterricht, der Staatsrath und die grossen Staatskörper Juden zu ihren Mit-

---

*) Besonders frappant ist die Parallele zwischen der Leidensgeschichte der Juden nach der Zerstörung Jerusalems und der Geschichte Christi und des Christenthums.

arbeitern zählen, die der Hochachtung sich erfreuen.

XVII.

E. Renan, geb. den 27. Februar 1823, einer der glänzendsten Namen des gelehrten Frankreich, hat in seiner „Geschichte der semitischen Sprachen", in seinen Essays und in seiner „Geschichte der Ursprünge des Christenthums", von welcher bereits sechs Bände erschienen sind, oft Gelegenheit gehabt, sich über die Juden auszusprechen. Wir haben aber blos zwei seh kurze Fragmente ausgewählt, weil sie ganz Bücher aufwiegen.

„Das jüdische Volk", sagt Renan, „ist unvergleichlich, wenn es gilt, einem Ideal der Gerechtigkeit und der häuslichen Tugenden den rechten Ton und Zauber zu verleihen."

Wahrhaft bewältigend ist dann die geniale hypothetische Wendung, was denn aus der Geschichte der Menschheit geworden wäre, wenn irgend ein Zufall die Geschicke des kleinen jüdischen Stammes zum ewigen Stillstand gebracht hätte.

Das sind die Ansichten und Urtheile hervorragender Männer Frankreichs über die Juden. Eindringlicher und überzeugender aber als alle diese Worte redet die That, welche das hochherzige, klassische Land der Gleichheit am 13. Februar vollzogen hat. Am Morgen jenes Tages wurde Adolph Crémieux mit den höchsten Ehren und unter der Theilnahme von ganz Paris, ohne Unterschied des Ranges und des Glaubens, zur Ruhe bestattet.

Ein solches Schauspiel hat die Geschichte der Juden noch nie gesehen. Die fortschreitende Humanität und Menschenverbrüderung winken Beifall und die europäischen Nationen müssen vor der glorreichen französischen Standarte die Fahnen senken!

Wien, im Februar 1880.

Dr. Ad. Jellinek.

I

JAQUES SAURIN.

Ce qui est digne de considération, c'est que les Juifs d'aujourd'hui, comme vous pouvez vous en convaincre vous-mêmes par leur commerce, ne pouvant pratiquer à la lettre un grand nombre de ces préceptes, qui ont relation à l'état où se trouvaient autrefois leurs pères, ne se sont point relâchés à l'égard de l'aumône envers les pauvres : jusque-là que dès qu'ils se trouvent en assez grand nombre dans un lieu pour former ce qu'ils appellent une assemblée (et le nombre de dix suffit pour cela), ils établissent des trésoriers pour recueillir les charités. Et de peur que l'avarice, prévalant sur le devoir, ne les empêche de s'en acquitter, ils ont des juges qui examinent leurs facultés et qui les taxent à la dixième partie de leurs revenus, en sorte qu'un des plus grands scandales que nous leur donnons, et qui les prévient contre le christianisme, c'est le peu de charité que les chrétiens ont pour les pauvres. Scandale qui, pour le dire en passant, et pour le dire à votre confusion, serait sans doute plus grand, s'ils vous regardaient de plus près, et s'ils voyaient cette distraction affectée, qui empêche plusieurs de vous d'apercevoir les mains que vous tendent les directeurs de nos aumônes, la porte des églises.

(*Sermon sur l'aumône, deuxième partie.*)

II
L'ABBÉ BERTOLIO.

Il n'est qu'un seul point sous lequel les religions puissent intéresser les gouvernements ; c'est celui de la morale, et on n'a rien à reprocher à la morale des juifs ; elle n'est qu'un développement de la loi naturelle qu'ils ont reçue de Moïse, et la nôtre n'en est aussi qu'un développement, mais beaucoup plus parfait. La morale des Hébreux, comme celle des chrétiens, est fondée sur ces deux maximes d'une éternelle vérité : Aime ton prochain comme toi-même ; ne fais pas à autrui ce que tu ne voudrais pas qu'on te fît. La société pourrait-elle redouter des hommes qui professent une pareille doctrine ?

J'ai entendu un honorable membre dont je respecte l'âge, les vertus et les intentions, nous dire que le ciel s'oppose aux projets des juifs; qu'ils sont et seront toujours l'objet de ses vengeances; que la preuve en est écrite sur leur physionomie; que l'ignominie, les opprobres dont ils sont couverts depuis tant de siècles ne permettent pas de méconnaître la main d'un Dieu vengeur.

Eh! quoi, Messieurs, ne cessera-t-on jamais de calomnier la Divinité; ne cessera-t-on jamais de lui prêter nos faiblesses, au lieu de chercher à nous élever jusqu'à ses perfections? Non, Messieurs, il n'y a que les hommes qui se vengent. Dieu ne se venge point; il est juste, et la justice est incompatible avec la vengeance, mais où sont donc les preuves de la vengeance divine? Elles sont, dit-on, empreintes sur la physionomie des juifs; et depuis quand les physionomies caractéristiques des peuples sont-elles des signes du courroux du ciel? Parcourez les parties de ce globe, partout vous y verrez les physionomies modifiées dans les formes et dans les couleurs, selon les sols et les climats, selon le plus ou le moins de mélange des nations. N'interposons point donc le doigt de Dieu où il ne faut voir que la main de la nature.

On voudrait trouver encore la vengeance divine dans le triste sort que subissent les juifs depuis tant de siècles. N'est-ce point ici un faux-fuyant de notre amour-propre; ne chercherions nous pas à atténuer nos torts envers eux en les attribuant au ciel ? Gardons-nous de cette illusion ; avec un pareil sophisme, on justifierait tous les grands crimes contre l'humanité ; avec ce sophisme, on justifierait l'abominable esclavage des nègres ; on dirait que la vengeance divine éclate sur eux puisqu'ils sont dévoués au malheur depuis tant de siècles, et plus cet attentat contre la nature se perpétuerait, plus il deviendrait l'ouvrage de la Divinité ; avec un pareil sophisme, on laverait de tout reproche le cupide et sanguinaire Espagnol qui, pour satisfaire sa soif insatiable de l'or, a chargé de chaînes des peuples innombrables, et a fini par les faire disparaître de la surface de la terre.

C'est en vain qu'on voudrait faire parler le ciel et la religion des chrétiens, pour continuer à priver les juifs des droits de l'homme. Notre religion ne prescrit rien de semblable ; elle ne veut attirer à elle que par la douceur, l'humanité, la bienfaisance ; elle n'a jamais ordonné de rejeter de la société ceux qui ne consentaient point à être admis dans son sein, et le seul combat qu'elle autorise contre les juifs, est celui des vertus.

(*Assemblée générale des représentants de la commune de Paris, le 30 janvier 1790.*)

III.
AUGUSTIN PÉRIER.

On doit reconnaître qu'ils (les Israélites) se montrent de plus en plus dignes du nom français; l'armée, le barreau, les lettres et le commerce comptent des Israélites distingués. Les écoles élémentaires se multiplient parmi eux, et l'on sait avec quel zèle ils préviennent et soulagent l'indigence de leurs coreligionnaires. Admis à l'égalité la plus complète avec le reste de la population française, ils achèvent de s'incorporer dans la nation, et de s'associer à tous les sentiments et à tous les devoirs que rappelle le nom sacré de la patrie.

(*Moniteur du 3 décembre 1830.*)

IV.
M. SALVERTE.

On a dit que leur religion (des Israélites) les rendait étrangers au sentiment de patrie.

Messieurs, ils ont eu une patrie dès que la patrie a voulu d'eux, et ils en ont donné des preuves. Je citerai un pays où les Israélites sont extrèmement avilis, où les reproches d'avidité, d'abrutissement leur sont prodigués, et certes, ils sont justes, si on les compare à l'étendue de l'oppression qui pèse sur eux; ce pays c'est la Pologne. En 1794, la liberté fit en Pologne un effort prodigieux, mais malheureusement infructueux. Le courage avait contre lui la trahison, le nombre et la discipline des ennemis. Après la chute de Kosciusko, les patriotes polonais firent un dernier effort à Varsovie. Le faubourg de Praga qui était défendu par un régiment composé d'Israélites, fut emporté d'assaut; tout fut passé au fil de l'épée. Le lendemain, lorsqu'on vint sur les remparts, on trouva le régiment tout entier; pas un soldat n'avait manqué à l'appel de la mort. Ces homme-là étaient dignes d'être Français. Je pourrais citer parmi les guerriers français un grand nombre d'Israélites qui se sont distingués; comme on ne demandait pas à nos guerriers quelle religion ils suivaient, on ignorait s'ils appartenaient au Christianisme ou à la religion de Moïse. J'en atteste le souvenir, j'en atteste au besoin les fastes de la gloire française; vous y trouverez un grand nombre d'Israélites qui ont péri glorieusement en défendant leur patrie, car la France était leur patrie.

(*Moniteur du 6 décembre 1830.*)

V.

LACORDAIRE.

Le peuple juif avait de plus grands devoirs encore et une plus périlleuse position. Faible en nombre et jeté sur un coin de terre qui tentait par sa position tous les empires voisins, il devait protéger contre eux, avec son indépendance, des lois et des traditions où se rattachaient les destinées de tout l'univers. Nul peuple, chargé d'un plus précieux dépôt dans des conditions plus défavorables, n'a montré à le défendre une aussi remarquable et persévérante magnanimité. Ce serait un aveuglement de ne pas le voir, une ingratitude de ne pas le dire. Ninive, Babylone, Memphis, ont tour à tour, et quelquefois ensemble, conjuré la perte de cette poignée d'Israélites; des armées innombrables, conduites par des rois puissants, ont envahi leur territoire et formé le siège de leur capitale: victorieux souvent, ils ont souvent payé leur gloire au prix des plus sanglants revers.

Dix de leurs tribus, menées en captivité, ont disparu de l'histoire; les deux autres ont suivi plus tard ce même chemin de l'exil d'où les nations ne reviennent pas. Mais soixante-dix ans d'infortunes loin de leur patrie n'ont point lassé le coeur des captifs; ils ont pénétré par la science et la beauté dans le palais des rois et gouverné leurs vainqueurs. Cyrus les délivre, Alexandre les visite ; et lorsque du fond de l'Asie, une persécution nouvelle et plus terrible apporte dans leur temple la désolation de l'impiété, ils suscitent du milieu d'eux, pour sauver la patrie et la religion, cette race des Machabées dont le nom est devenu, pour les peuples opprimés par de plus forts qu'eux, le nom même du courage et du droit. Et ce spectacle héroïque, Messieurs, il a duré quinze cents ans! Quinze cents ans de suite Israël s'est maintenu contre les grands empires du monde, et lorsque Rome enfin eut tout surmonté et tout soumis, lorsque la terre se taisait devant elle depuis plus d'un siècle, Israël encore lui disputait dans les vallées et les montagnes de la Judée les restes de sa liberté. Il fallut que Rome envoyât ses légions et ses capitaines contre une aussi mémorable obstination, et Jérusalem, assiégée encore une fois, jeta jusqu'au ciel, dans une défense implacable, le dernier cri généreux que devaient entendre les Romains.

Etait-ce fini, Messieurs? Ce peuple sans territoire et sans princes n'allait-il pas mourir obscurément sur la vaste surface où l'avait dispersé la volonté craintive encore de ses vainqueurs? Pour tout autre que lui, en effet, l'heure de la mort eût été venue. Mais il se souvint des jours de sa captivité, lorsqu'il suspendait sa harpe aux saules de Babylone, pour ne pas chanter aux étrangers les cantiques de Sion; comme il avait alors emporté ses lois et ses traditions pour lui être un éternel principe de vie, il les emporta de nouveau par toute la terre. Il demanda sa subsistance au travail, sa dignité au souvenir de ses ancêtres, sa consolation au Dieu qui l'avait tiré de l'Égypte par Moïse, de la Chaldée par Cyrus, et qui pouvait, du jour au lendemain, le ramener à cette Jérusalem déjà relevée de ses cendres et devenue l'objet des combats de toute la chrétienté. Il vit ce peuple que son fondateur appelait un peuple dur, et qui, en effet a opposé au malheur une âme de granit, il vit encore, il vit partout. Déshérité de son sol, il a cherché dans le commerce cette richesse mobile qui se cache plus vite que la persécution ne se montre, et nous voyons les rois tributaires de son activité, recourir sans honte pour l'accomplissement de leur dessins et l'agrandissement de leur gloire, à la bourse vénérée de quelque hébreu. Encore une fois, Israël vit; il vit depuis dix-sept siècles sans chef, sans temple, sans territoire, souvent persécuté, mais ayant avec lui, comme à Jérusalem, ses antiques et inébranlables pensées, ayant de plus qu'alors cette gloire unique de subsister par une force intérieure que rien ne soutient au dehors, et qui s'alimente à l'autel mystérieux d'un passé surhumain. Ne voyez-vous pas qu'il vous brave? que lui seul entre les nations compte quatre mille ans de durée? Que rien ne présage la fin d'un si grand scandale contre la nature des choses? Creusez sa tombe, si vous le pouvez; scellez-la de votre meilleur ciment; mettez des gardes tout autour: il ne fera que rire et se lever, vous prouvant une fois de plus qu'il est d'un esprit que vous n'avez pas, et que la matière ne peut rien contre l'esprit.

(*Conférences prêchées à Notre-Dame de Paris pendant l'Avent 1846—1847, V.*)

VI.

E. VACHEROT.

Le plus actif et presque le seul organe direct du génie oriental dans cette mémorable alliance fut le Judaïsme. Lorsqu'on se représente les situations si diverses et les cruelles épreuves par lesquelles a passé le peuple juif, les guerres, les invasions, les servitudes, les influences étrangères auxquelles l'exposait continuellement sa position géographique, ses révolutions intérieures, son double exil et sa longue captivité à Babylone, ses émigrations fréquentes, après la conquête d'Alexandre et sous la domination romaine, dans tous les pays du monde connu, en Syrie, en Chaldée, en Perse, en Égypte, dans toute l'Asie-Mineure, en Grèce, en Italie; lorsqu'on le voit conserver, dans toutes les situations et dans tous les lieux, sa religion, ses mœurs et ses lois, on est frappé d'admiration pour une telle fermeté d'esprit et une telle constance de caractère; mais en même temps on est tenté de prendre à la lettre ce que disait Moïse de ce peuple au cou raide, et d'attribuer cette ténacité, invincible à un certain esprit étroit, grossier et obstiné, qui n'aurait maintenu ses traditions nationales qu'à force d'ignorance et de préjugés. Ce serait une grande erreur. Bien qu'on ne sache pas parfaitement l'histoire intellectuelle de ce peuple, on en connait assez de monuments et de fragments pour pouvoir se convaincre que l'esprit juif est aussi actif que tenace, aussi intelligent qu'obstiné, aussi souple que résolu. Les livres saints enchaînent sa croyance, mais non sa pensée; ferme et inébranlable dans son attachement aux doctrines de ses pères, il les interprète et les développe dans une certaine mesure. Les variations progressives de la Bible, les oeuvres de méditation individuelle, telles que le livre de Jésus de Sirach, les écrits d'Aristobule et surtout de Philon, la Cabbale et le Talmud, sont autant de témoignages décisifs de l'activité spéculative du peuple juif. En Judée, la théocratie pèse sans doute sur la pensée; mais elle ne l'immobilise point, comme dans d'autres pays de l'Orient. Dans l'Inde, en Égypte, en Perse, le sentiment religieux n'a qu'un foyer, le sanctuaire, qu'un organe, le prêtre. Toute lumière, toute vie religieuse émane des temples; le prêtre seul communique avec Dieu; seul il peut en transmettre les inspirations. Le peuple écoute en silence. C'est dans le temple seulement que la pensée religieuse s'élabore, se développe, se formule; et si des divisions, des schismes et des révolutions éclatent, le peuple n'en a point le secret. La théocratie des Juifs n'est pas aristocratique à ce point; le peuple intervient fréquemment dans la personne de ses prophètes. Ceux-ci parlent quand les prêtres restent muets. Pendant que la loi repose dans les profondeurs du sanctuaire, sous la garde de la caste sacerdotale, l'esprit de Dieu, qui est partout, dans la foule comme au temple, au désert comme à Jérusalem, suscite, dans les jours de crise, des hommes inspirés. Isaïe, Jérémie, Ézéchiel, sortent de la foule et non du sanctuaire. Les prophètes n'ont point reçu des prêtres la mission d'enseigner la loi au peuple; ils ne relèvent que de l'Esprit-Saint, dont ils sentent en eux le souffle puissant. Souvent même, leur voix proteste contre la tradition sacerdotale. Sortis du peuple, vivant avec lui, ils peuvent, mieux que les prêtres retirés au fond de leurs temples, s'inspirer de ses sentiments, de ses besoins, de ses misères et de ses souffrances; et leur profonde sympathie pour le peuple éclate jusque dans leurs plus durs reproches. En général, bien que les prophètes aient été suscités quelquefois par les prêtres eux-mêmes et au profit de leur cause, cette institution est essentiellement démocratique et, qu'on nous passe le mot, libérale; elle représente tantôt la protestation du peuple contre l'aristocratie sacerdotale qui le gouverne, tantôt l'esprit de réforme et de progrès qui vient stimuler l'apathie traditionelle des prêtres. Toutefois l'enseignement des prophètes n'est pas la principale cause des développements et du progrès de la pensée religieuse chez les Juifs. Leur langage est simple ; ils appellent le peuple à l'observance de la loi, mais ils ne dogmatisent guère; ils laissent ce soin aux prêtres. C'est donc plutôt aux influences extérieures qu'il convient de rattacher les innovations et les progrès de la doctrine. On s'exagérerait beaucoup l'attachement de ce peuple à ses traditions, si on croyait qu'il n'a rien imité des institutions ni rien emprunté des doctrines des autres peuples. Sans laisser jamais les idées étrangères absorber ses croyances, il en recueille et en adopte presque toujours quelque chose. C'est tel dogme qu'il doit au voisinage de la Syrie; tel autre qu'il a rapporté de son exil de Babylone. On ne peut savoir ce qu'il a emprunté à l'Égypte, durant le long séjour qu'il y fit; mais s'il est vrai qu'il y ait apporté le germe de ses institutions et de ses croyances, nul doute que le contact de la civilisation égyptienne n'ait singulièrement développé et transformé ses traditions primitives. Ces deux causes, à savoir, l'influence tout extérieure des doctrines étrangères et l'intervention tout populaire et tout intérieure des prophètes dans l'enseignement religieux et moral, jointes aux révolutions politiques qui ont agité ce pays, expliquent la variété admirable des livres saints. La Genèse et les autres livres de Moïse établissent d'une part les doctrines théologiques et cosmologiques, de l'autre la loi religieuse, morale et politique, et fondent la tradition qui doit servir de texte et de règle à toutes les inspirations des rois, des prêtres et des prophètes. C'est là ce qui fait l'unité de cette grande épopée dans ses épisodes succesifs. Les livres de Job sont les premiers où se révèle une influence étrangère. Ce n'est plus l'esprit de Moïse qui les inspire; l'imagination de l'Orient éclate dans la description du Léviathan et dans le cantique qui célèbre les merveilles de la création. L'unité de couleur reparaît dans les livres de Josué et des rois, dans les psaumes de David, oeuvres profondément empreintes du génie national. Puis le souffle de l'Orient revient animer les livres de Salomon. Dans cette brûlante poésie du Cantique des cantiques, dans cette sagesse désespérante de l'Ecclésiaste qui proclame que devant Dieu tout est vanité, se revèle un génie à la fois passionné et contemplatif, qui est d'origine étrangère. Dans les livres d'Esdras et de Néhémias, on retrouve de nombreuses et fortes traces de la captivité de Babylone. Enfin, les livres des Machabées sont des chants de guerre, uniquement inspirés par l'amour de l'indépendance nationale. Ainsi, les livres saints renferment l'histoire intérieure du peuple juif, aussi bien, que son histoire extérieure. Ils expriment avec une égale fidélité sa vie intellectuelle et sa vie politique. On y voit tout à la fois les développements qu'a reçus sa doctrine et les modifications qu'ont subies ses institutions.

Mais c'est surtout à l'extérieur que se révèle le génie actif, curieux et intelligent de cette race. Les Juifs deviennent partout, et particulièrement à Alexandrie, les intermédiaires des communications qui s'établissent entre l'Orient et la Grèce. Par eux les Grecs connaissent les idées orientales de la Syrie, de la Perse, de la Chaldée, de l'Égypte; par eux aussi les Orientaux reçoivent les doctrines philosophiques de la Grèce. Et dans cette double

transmission des idées grècques et orientales, les Juifs ne se bornent point au rôle d'interprètes passifs. Comme c'est toujours au profit des croyances nationales qu'ils reproduisent les idées étrangères, ils les transforment et les incorporent dans leurs propres traditions. On verra avec quelle sagacité et quelle souplesse Philon introduit les idées grècques dans le sein du judaïsme sans le corrompre ni le détruire.
(*Histoire critique de l'école d'Alexandrie. I. Paris 1846 p. 126—131.*)

* * *

Les Juifs eux-mêmes, bien que très-supérieurs aux Arabes, ont toujours montré plus d'intelligence que d'originalité dans les développements des questions philosophiques; leurs plus grandes oeuvres métaphysiques, les livres de Philon et de la Cabbale, ne séparent point la philosophie de la théologie. Les philosophes juifs, comme Spinosa, Mendelssohn, et tout d'autres de nos jours que l'on pourrait citer, sont d'une époque et d'une société où il devient impossible de reconnaître le génie de la race, dans ce grand mouvement de la philosophie européene et moderne qui emporte et enchaîne tout à sa suite, ne laissant plus nulle-part la trace des originalités de race ou de nations.
(*La Religion. Paris 1869 p. 254.*)

VII.

F. LAURENT.

L'antiquité ne fut qu'une préparation à l'égalité. Dans cette œuvre préparatoire, le mosaïsme occupe le premier rang; seul de toutes les religions anciennes, il a conçu l'unité; aussi eut-il la gloire d'inspirer le christianisme appelé à communiquer ce dogme à l'humanité. Spectacle étonnant! Pendant que les descendants des Hébreux voués à une oppression séculaire étaient maudits comme déicides, l'édifice du catholicisme s'élevait sur des fondements empruntés à leurs livres sacrés, et dans l'Orient surgissait une religion puissante qui se rattache également à Moïse. Le peuple de Dieu peut revendiquer Jésus-Christ et Mahomet; cette double descendance révèle sa mission: il sert de lien entre l'Orient et l'Occident. Il tient à l'Orient par son origine et le caractère religieux de sa constitution; mais il se dégage entièrement du régime des castes; il admet l'égalité devant Dieu, il essaie même de l'appliquer à l'ordre civile. Par cette tendance le mosaïsme dépasse la doctrine chrétienne. Le christianisme ne prêche que l'égalité religieuse; il n'a jamais songé à l'introduire dans l'ordre civile et politique; il accepta et légitima presque l'esclavage. Si le dogme chrétien contribua à détruire la servitude, ce fut malgré l'Église. Le christianisme est la religion de l'autre monde. De son coté, le mosaïsme est trop exclusivement une religion de ce monde. (*Études sur l'histoire de l'humanité. Bruxelles 1861 p. 374.*)

VIII.

MICHEL NICOLAS.

Si nous considérons maintenant le conte des „Trois anneaux" en lui-même, nous y trouverons des indices plus ou moins marqués d'une origine juive. Et d'abord, dans toutes les rédactions diverses que nous en avons, c'est toujours un Juif qui a le beau rôle et qui défend la cause de la liberté de conscience. Si l'idée, qui y est présentée, avait pris naissance parmi les chrétiens ou parmi les musulmans, on ne s'expliquerait pas très-bien pourquoi elle aurait été mise dans la bouche d'un Juif, plutôt que dans celle de quelque philosophe arabe ou de quelque clerc renommé par ses connaissances. Les descendants de Jacob n'avaient pas au moyen âge, du moins en France et en Italie, une telle réputation de science et de sagesse que l'on eût quelque motif spécial, parmi les chrétiens, de prendre l'un d'eux pour représentant de la droite raison. Ce choix se comprend très-aisément au contraire, si l'on admet que ce conte est l'oeuvre d'un Juif. Transporté ensuite des Juifs chez des chrétiens, il conserva tous ses traits essentiels, et l'on songea d'autant moins à substituer un autre personnage au sage Juif, que cette histoirette fut transmise soit par des hommes qui n'étaient pas précisément les amis de l'Église, soit par des hommes qui n'en comprenaient ni le sens ni la portée.

Il faut considérer, en second lieu, qu'un Juif seul pouvait alors s'aviser de regarder deux des trois religions comparées comme des imitations de la troisième. En fait le christianisme et l'islamisme dérivent du judaïsme. Mais ni les chrétiens ni les musulmans n'auraient présenté cette filiation sous la métaphore malsonnante d'une contrefaçon. Il n'est pas dit, il est vrai, que le christianisme et l'islamisme soient les deux anneaux faits à l'imitation du véritable; mais cela est implicitement supposé; le judaïsme étant antérieur, c'est bien cette religion qu'il faut voir dans l'anneau authentique qui est le plus ancien des trois.

(*Essais de philosophie et d'histoire religieuse*. Paris 1863 p. 242—243.)

IX.

M. GUIZOT.

C'est en effet des Juifs et des Grecs que dérive essentiellement la civilisation moderne. Les Grecs en ont été l'élément humain et intellectuel ; les Juifs, l'élément divin et moral. Et dans ces origines, la part des Juifs est, sinon la plus brillante, du moins la plus haute et la plus chèrement achetée. Après la puissance et l'éclat de David et de Salomon, l'histoire des Juifs n'est plus qu'une longue série de maux et de revers, une orageuse et douloureuse décadence. L'état hebraïque se divise en deux royaumes presque constamment en guerre l'un contre l'autre. Le royaume d'Israël est en proie à des usurpations et à des révolutions continuelles qui en font le théatre d'une tyrannie violente et changeante. Le royaume de Juda a des alternatives de bons et de mauvais princes qui le tiennent dans une position incessamment troublée et précaire. La religion tombe sous le joug de la politique ; l'idolâtrie entre dans le royaume d'Israël, et brave audacieusement l'ancienne foi nationale. Le royaume de Juda demeure plus fidèle à Jéhovah et à sa loi, aux traditions de Moïse et à la race de David ; mais sa fidélité languissante ne suffit pas à l'arrêter dans sa décadence. Pour l'un et l'autre royaume, les désastres extérieurs s'ajoutent aux désordres intérieurs; de grands empires s'élèvent et se succèdent autour d'eux; Israël d'abord, puis Juda sont envahis par les étrangers; les Assyriens, les Égyptiens, les Syriens, les Babyloniens les subjuguent tour à tour. Les Hébreux sont non-seulement vaincus et assujettis, mais exilés, transportés, emmenés captifs loin de leur patrie. Un nouveau conquérant, Cyrus, leur permet le retour dans Jérusalem; mais ils n'y retrouvent pas l'indépendance; sujets des rois perses, ils passent bientôt de cette domination à celle des généraux grecs qui se partagent les conquêtes d'Alexandre; puis, de la domination des Grecs à celle des Romains. A peine, en traversant tant de servitudes diverses, les Juifs rencontrent-ils quelques moments, quelques apparences d'existence nationale et libre; la Judée est subjuguée comme la Grèce et avec plus d'humiliations et de douleurs. N'y aura-t-il dans la société hébraïque, aucun élément de résistance efficace à ces revers? Que deviendront, dans cette ruine de la nation juive, son Dieu et sa foi? Les miracles du Sinaï n'auront-ils pas plus de vertu que les mystères d'Éleusis et Jéhovah ira-t-il languir et s'éteindre comme Jupiter, dans les routines sacerdotales ou le scepticisme philosophique?

Certainement non; au milieu de la décadence de son peuple, le Dieu d'Israël conserve des interprètes qui luttent, avec une foi indomptable contre les égarements et les revers publics.
(*Méditations sur l'essence de la religion chrétienne. Paris 1864 p. 227—230.*)

X.

GUILLAUME LIBRI.

C'est surtout aux Juifs que la chrétienté est redevable des premiers rapports littéraires qu'elle a eus avec les Musulmans. Quoique toujours haïs et persécutés, ils s'étaient répandus à-la-fois en Asie, en Afrique et en Europe; et les besoins du commerce faisaient partout valoir leur patiente et infatigable activité. Les nombreuses synagogues qu'ils avaient fondées en Égypte, en Espagne, dans le midi de la France et en Italie, correspondaient entre elles par l'entremise de voyageurs chargés en même temps des intérêts du commerce et de la propagation des idées. Les manuscrits qui se conservent encore dans les bibliothèques prouvent, qu'avant les Chrétiens, les Juifs avaient traduit un grand nombre d'ouvrages arabes et grecs sur la philosophie, l'astronomie et la médecine.

Benjamin de Tudela, dont le voyage avait semblé d'abord mériter peu d'attention, mais dont les assertions se confirment à mesure que l'on avance dans la connaissance de l'histoire orientale, parle fréquemment des rapports qui liaient entre eux les Juifs de tous les pays, et les montre tous occupés sans relâche à propager l'étude des sciences dans leurs nombreuses académies. On croit même qu'ils ont beaucoup contribué à l'établissement de certaines universités en Europe, comme ils avaient contribué à la fondation de plusieurs observatoires en Orient. Si l'on songe qu'à cette époque les médecins et les précepteurs des princes les plus puissans étaient des Juifs, et que les Juifs possédèrent pendant longtemps presque tout l'or et l'argent de l'Occident, on sera moins étonné de la grande influence que nous leur attribuons.

(*Histoire des sciences mathématiques en Italie. Halle s.S. 1865 I p. 153—156.*)

XI.

EUGÈNE NUS.

Depuis sa mort comme nation, cette race active et patiente, courageuse et opiniâtre, offre un spectacle unique dans l'histoire. Elle s'est mêlée à tous les peuples, et ne s'est absorbée dans aucun. D'odieuses persécutions l'ont torturée, sans l'abattre; des siècles d'oppression l'ont assouplie, sans la briser.

Elle a opposé la ruse à la force, l'humilité à la violence, la haine sourde à la haine ouverte. Les grands chemins lui étaient fermés, elle a pris les voies obliques, n'ayant que l'or pour se défendre, elle s'est acharnée sur l'or.

Aujourd'hui ses sommités tiennent le monde. Selon le précepte de Moïse, ils ont prêté aux nations. Ils ont fait plus; ils nous ont communiqué leur mal héréditaire, cette fièvre du gain, qui ronge la société moderne, jusqu'à la moelle des os. Que ne nous ont-ils donné aussi leurs vertus privées, cette solidarité active, cette charité intime qu'ils pratiquent encore? — Ne reprochons rien aux Juifs! Ils ont trop à nous reprocher!

(*Les grands mystères. Deuxième édition. Paris 1866 p. 256.*)

XII.
ATHANASE COQUEREL FILS.

Ce qui développa chez ce peuple une incomparable force de résistance, ce qui lui donna le pouvoir de durer jusqu'à nos jours et de survivre aux grands empires qui tour à tour l'avaient subjugué, l'Égypte et l'Assyrie, la Grèce et Rome, ce qui lui valut l'inconcevable privilège de se survivre à lui même tant de siècles et de subsister depuis 1800 ans sans patrie, c'est une idée, une vérité, c'est le monothéisme, c'est cette foi au seul vrai Dieu, que le vieil Akiba attestait d'une voix mourante au milieu des tortures dernières. Qui oserait prétendre que cette mission du peuple juif soit finie, soit devenue inutile, quand la chrétienté presque entière est trinitaire et quand, de plus, le catholicisme ne cesse d'ajouter, sous nos yeux, à la divinité de Marie et au nombre des saints? Le monde, même chrétien, a encore intérêt à entendre chaque Israélite affirmer en mourant cette suprême vérité, sans cesse méconnue: „l'Éternel est un."

(*Libres études. Paris 1868 p. 132.*)

XIII.

F. HUET.

Les juifs représentent une branche importante de nos ancêtres les plus légitimes ; outre la reconnaissance filiale, nous leur devons une réparation. Après les avoir atrocément persécutés, nous leur dénions trop souvent l'honneur qui leur revient d'avoir inauguré dans le genre humain la révolution morale et religieuse, et surtout la révolution sociale. Nos critiques les plus libres, les Strauss, les Renan, ne savent pas être justes envers Israël. Les écrivains juifs, MM. Salvador, Graetz, Philippson, Cohen ont raison de s'en plaindre. Avec l'intérêt qu'inspire ce reste d'un peuple échappé à tant de ruines, l'état présent du mosaïsme offre les phénomènes les plus dignes d'attention. Là aussi le mouvement général de la civilisation et les progrès de la science historique arrivent à tout dissoudre et à tout transformer.

(*La révolution religieuse au dix-neuvième siècle. Paris 1868 p. 252—253.*)

XIV.
ALPHONSE DE CANDOLLE.

Il y a quelques vingt ou trente ans, j'allai voir un naturaliste fort ingénieux, honnête et bon observateur, qui pratiquait la medécine à Londres, près de la Tour. Il eut la bonté de m'accompagner dans les rues malpropres de ce quartier peuplé de matelots, de Juifs et d'Irlandais. — „Comment vous trouvez-vous" lui dis-je, „de cette population qui vous entoure? N'avez-vous pas à vous plaindre de sa grossièreté, de sa misère, de ses désordres? Un peu, me repondit-il, mais pas autant qu'on pourrait le croire. Les marins profitent, il est vrai, de leur séjour à terre, pour se griser et faire du tapage. Les Irlandais se grisent et se battent toute l'année. Quand je suis appelé chez l'un d'eux, je risque fort de recevoir un coup ou un projectile destiné au mari ou à la femme de mon malade. Mais ces pauvres juifs, que vous voyez, sont des gens très doux et très rangés. Leurs familles sont unies et laborieuses. D'une maison à l'autre, on s'aide en cas de besoin, sans recourir à la paroisse. Je voudrais que tous les chrétiens fussent comme eux!"

Le témoignage d'un homme judicieux me fit réfléchir. J'ai retrouvé ailleurs la population juive toujours laborieuse, intelligente, économe, quelquefois jusqu'à l'avarice, mais charitable, peu disposée à la violence, aux crimes contre les personnes, et peu adonnée à l'ivrognerie. On lui reproche de manquer de dignité, d'être trop humble et de ruser dans les affaires. Elle a, en somme, les qualités et les défauts des peuples extrêmement civilisés, c'est-à-dire des qualités excellentes et des défauts supportables. Si l'Europe était uniquement peuplée d'Israélites, voici le singulier spectacle qu'elle présenterait. Il n'y aurait plus de guerres, par conséquent le sens moral ne serait pas si souvent froissé, des millions d'hommes ne seraient pas arrachés aux travaux utiles de toute espèce et l'on verrait diminuer les dettes publiques et les impôts. D'après les tendances connues des Israélites, la culture des sciences, des lettres, des arts, surtout de la musique serait poussée très-loin. L'industrie et le commerce seraient florissants. On verrait peu d'attentats contre les personnes, et ceux contre la propriété seraient rarement accompagnés de violence. La richesse augmenterait énormément par l'effet d'un travail intelligent et régulier, uni à l'économie. Cette richesse se répandrait en charités abondantes. Le clergé n'aurait point de collisions avec l'état, ou bien, ce serait seulement sur des objets secondaires. Il y aurait malheureusement des concussions et peu de fermeté chez les fonctionnaires publics. Les mariages seraient précoces, nombreux, assez généralement respectés; par conséquent les maux résultant du désordre des mœurs seraient rares. Ceci, joint à quelques bonnes règles d'hygiène, rendrait la population saine et belle. Les naissances seraient nombreuses, et la vie moyenne prolongée. Par toutes ces causes, la population augmenterait énormément. Ce serait un peu l'état de la Chine, avec plus de moralité, plus d'intelligence, plus de gout, et sans les révoltes et les massacres abominables qui déshonorent le moins céleste des empires.

Comment les petites communautés juives, éparses dans le monde, se trouvent-elles posséder les qualités et les défauts qui caractérisent le mieux un état avancé de civilisation ? C'est assez inexplicable d'après les idées ordinaires des philosophes et des historiens. Si la religion avait seule déterminé le caractère des juifs et celui des chrétiens, on aurait vu absolument le contraire de ce qui s'observe. Les Israélites sont guidés surtout par l'Ancien Testament et les chrétiens essentiellement par l'Évangile. Or, l'Ancien Testament pourrait donner des mœurs rudes et excuser certaines injustices. Il représente Dieu comme vengeur, comme punissant sur plusieurs générations les iniquités d'un père, comme ayant choisi un peuple, et par conséquent négligé les autres. Il admet la dure loi du talion : dent pour dent, oeil pour oeil. Au contraire, le Nouveau Testament est imprégné de douceur, de charité et d'humilité. Dieu y est représenté surtout comme bon et miséricordieux ; il admet tous les hommes, sans distinction de race ou d'origine. Sa douceur et l'humilité sont recommandées jusqu'à certaines exagérations, comme de tendre une joue quand l'autre a été frappée. Ce sont cependant les juifs qui seraient humbles parfois jusqu'à obéir à ce singulier précepte et les chrétiens, qui souvent sont orgueilleux, violents, exclusifs dans leurs affections, sévères outre mesure dans leurs lois. Si les seuls enseignements religieux avaient formé les peuples, les Israélites pourraient bien être violents, mais les chrétiens devraient être soumis, au lieu que c'est le contraire précisément qui se voit. On dit : les Juifs sont humbles, défiants, ils sont économes et attachés à leurs proches, parcequ'ils ont été longtemps persécutés. Mais plusieurs peuples chrétiens aussi ont été vexés, opprimés de mille manières, et dans ces conditions ils ont toujours essayé de se révolter. Ils ont même commis des atrocités par vengeance. Les Juifs ont souffert et se sont tus, tandis que les Espagnols sous les Arabes, les Polonais, les Irlandais, et bien d'autres se sont comportés différemment quand les croyaient avoir à se plaindre. La douceur irelative des Israélites ne tient donc ni à leur religion, ni à la manière dont on les a traités. L'histoire naturelle en donne beaucoup mieux l'explication.

La race juive est une des plus anciennement civilisées, et en même temps elle ne s'est mêlée à aucune autre. Pendant les désordres brutaux du moyen âge, les juifs avaient inventé les procédés de commerce qui unissent les peuples, par exemple la lettre de change. Ils repondaient aux persécutions par la douceur, le travail et une charité constante les uns envers les autres. Ils cultivaient les lettres et les sciences. Déjà, il y a deux mille ans, les idées morales et intellectuelles étaient remarquables chez eux.

La tradition les avait ensuite conservées, d'autant mieux que la dispersion générale n'a pas empêché l'isolement de la race. De tout cela il résulte que si un Israélite ressemble à son aïeul ou même à un ancêtre reculé, on retrouve chez lui les qualités et les défauts d'un homme civilisé, en même temps que la belle conformation de sa race, justement admirée par les artistes.

Les peuples chrétiens, au contraire, sortent à peine de la barbarie. Leur civilisation a commencé dans l'Europe centrale il y a trois siècles, et en Russie, sous Pierre le Grand. Ils n'ont pas cessé de lutter contre des habitudes antérieures de rapine, d'injustice et de violences ou morales ou physiques. Il y a encore dans le midi de notre continent des populations qui regardent la vengeance comme une vertu, même la vengeance qu'on poursuit sur les descendants d'une personne qui vous a insulté. Il y a sur les côtes occidentales de l'Europe d'autres populations qui se réjouissent d'un naufrage comme d'une occassion légitime de piller. Dans nos villes les plus civilisées, on brûlait les hérétiques il y a deux siècles et de prétendus sorciers il y a cent ans. Au XVIIIme siècle encore, les arrestations arbitraires étaient communes, et des gens haut placés n'avaient pas honte de faire bâtonner des inférieurs, sans le moindre respect pour les lois et les tribunaux. Dans le commencement du siècle actuel, on pendait un homme, en Angleterre, pour quelque vol insignifiant. La guerre a toujours été horrible, et la piraterie est à peine hors des usages. Ressembler à nos aïeux n'est donc pas sans danger parmi nous. Leur violence, en vertu de l'atavisme, doit reparaître de temps en temps. Elle était à l'état d'instinct,

par l'effet d'une longue habitude; il faut du temps pour créer d'autres instincts.
(*Histoire des sciences et des savants depuis deux siècles suivie d'autres études sur des sujets scientifiques en particulier sur la sélection dans l'espèce humaine. Genève, Bâle, Lyon 1873 p. 402—408.*)

XV.
P. LAFFITTE.

Jamais chefs, assurément, nous parlons des plus fameux, n'ont connu autant d'imitateurs passionnés que les chefs du peuple hébreu. Et c'est justice. Aucune autre évolution, en raison même du caractère prématuré de l'évolution hébraïque, n'a senti autant que celle-ci l'impérieuse nécessité d'être menée, jusqu' au bout, par des types exceptionnels, sous peine d'un avortement certain. L'histoire hébraïque offre l'étonnant spectacle d'une suite presque continue de natures éminentes combinant au plus haut degré ces deux caractères nécessaires, bien que d'apparence contradictoire: une direction systématique et synthétique jointe à la plus étonnante initiative individuelle. Ces hommes, par leur hardiesse, par leur énergie, par leur héroïsme, n'ont cessé d'étonner le monde; ils ont été les modèles sur lesquels de grands guerriers et de grands politiques ont tenu leurs regards sans cesse attachés; ils ont inspiré plusieurs de plus belles productions esthétiques dont se glorifie l'Humanité. C'est dans les héros de la Bible que Cromwell a cherché l'exemple des vertus qu'il a montrées; c'est la Bible qu'il a mise entre les mains de ses soldats, pour en faire l'invincible armée dont l'histoire a enregistré les hauts faits; c'est dans la Bible qu'un siècle plus tard, et sous l'influence persistante du souffle Cromwellien, qu' Haëndel puisa l'ardeur patriotique qu'il mit dans l'âme de son Judas Macchabée. Où donc, sinon dans la Bible, Michel-Ange a-t-il puisé le type colossal de son Moïse? Où donc Mahomet s'est il inspiré avant de fonder une religion nouvelle et de tenter la conquête du monde? Que tous ces grands hommes aient subi plus ou moins directement l'action des récits bibliques, qu'il ait été dans leur intention de prendre pour modèle tel ou tel personnage du monde hébreu, cela n'a au fond que la plus médiocre importance; ce qui est incontestable et mérite d'être signalé, c'est qu'ils ont calqué leur conduite sur celle des héros hébreux, et qu' à leur exemple, ils ont toujours mis au

service des plus nobles causes les caractères les plus audacieux.
(*Les grands types de l'humanité.* Paris 1875. I. p. 215—216.)

XVI.

C. FRÉGIER.

Vous trouvez les Israélites sur tous les degrés de notre échelle sociale : — Armée, Finances, Commerce, Travaux publics, Justice, Enseignement, Conseil d'État, grands corps de l'Empire, — dans toutes les administrations, partout où il est besoin d'activité, d'intelligence et de savoir, à la Bourse comme au Forum, dans le silence du cabinet comme dans le tumulte des camps, vous rencontrez des juifs, entourés d'une juste considération, et d'un éclat d'autant plus glorieux et plus méritoire, qu'il est la conquête de leur moralité, le fruit de leur travail, et le rayonnement d'une liberté tardivement conquise.

(*Les Juifs Algériens.* Paris 1865 p. XXX.)

XVII.

E. RENAN.

Le peuple juif n'a point d'égal, quand il s'agit de donner l'accent et le charme à un idéal de justice et de vertus domestiques.

* * *

Il n'est pas d'esprit élevé qui ne doive éprouver une haute sympathie pour une race dont le rôle en ce monde a été si extraordinaire, qu'on ne peut en aucune façon concevoir ce qu'eût été l'histoire de l'espèce humaine si un hasard eût arrêté les destinées de cette petite tribu.

(*L'église chrétienne. Paris 1879 p. 237 et 256.*)